DÉPARTEMENT
DE LA SEINE,
CANTON DE PARIS,
MUNICIPALITÉ
DU DEUXIEME ARRONDISSEMENT.

PROCÈS - VERBAL
DE LA
PLANTATION
DE
L'ARBRE DE LA LIBERTÉ.

A PARIS,

De l'Imprimerie de COMMINGES, rue Neuve-Roch;
N. 159.

L'AN VI DE LA RÉP. FRANÇ.

PROCÈS-VERBAL

DE LA

PLANTATION

DE

L'ARBRE DE LA LIBERTÉ,

A la Maison-Commune de la Municipalité du deuxième arrondissement du Canton de Paris, Département de la Seine,

En exécution de la Loi du 24 Ventôse an VI.

CE jourd'hui 30 pluviôse de l'an VI de la République française une et indivisible,

L'Administration Municipale se réunit à dix heures du matin, au lieu de ses séances, en exécution de son arrêté du 8 de ce mois, à l'effet de procéder à la plantation de l'arbre de la Liberté, devant la maison commune, conformément à la loi du 24 ventôse dernier.

Les Membres des différentes autorités convoquées pour la cérémonie, sont également rassemblés. Les artistes du théâtre de la rue

Favart, et les élèves du conservatoire de musique, appelés à embellir la fête par le concours de leurs talens, prennent place dans la salle publique de l'administration; des détachemens des trois brigades de la garde nationale sédentaire de l'arrondissement, avec leurs drapeaux, sont placés devant la porte de la maison commune, ainsi qu'un grand concours de citoyens.

Le secrétaire en chef fait l'appel des autorités invitées à la fête, ainsi qu'il suit :

Les Commissaires de police,

Les Juges-de-paix, leurs Assesseurs et Greffiers.

Les Comités de bienfaisance,

Le Jury d'équité (absent.

L'administration du conservatoire de musique,

Les Commissaires de la trésorerie nationale,

Les Administrateurs de la loterie (absents,

L'Administration du Département (absente),

Le Ministre des finances (absent),

L'État-Major de la force armée, l'Administration municipale et ses employés.

Le Président reçoit du secrétaire du citoyen Buonaparte, une lettre qui lui annonce que le Général se trouvant incommodé, regrette de ne pouvoir se rendre à l'invitation de l'Administration.

Les autorités se rendent dans l'ordre ci-dessus, dans la cour de la maison commune, où est déposé un peuplier choisi pour l'arbre de la liberté; cet arbre, orné des couleurs nationales, et entouré des Membres de l'administration, est porté dans les rangs de la Garde Nationale, les tambours battent au champ.

Arrivé à la porte de la maison commune, le cortège s'arrête.

L'orchestre exécute l'offrande à la liberté.

Le Commissaire du Directoire exécutif développe l'objet de la présente réunion dans un réquisitoire énergique, dont la teneur suit :

RÉQUISITOIRE du Citoyen LANTHENAS, *Commissaire du Directoire exécutif.*

CITOYENS,

LES Hommes simples et bons associèrent, dans tous les tems et dans tous les lieux, leurs sentimens à la Nature. Ils aimèrent par tout, à consacrer les événemens les plus heureux, par la plantation d'arbres qui semblent vivre ensuite pour en rappeler le souvenir, et le retracer à la postérité.

Il ne faut donc pas s'étonner que les amis de la liberté se soient accordés à signaler son établissement, par la plantation d'un ou de plusieurs arbres chéris. Là le *Peuplier* élancé et hatif, ici l'*Orme* plus tardif mais plus utile aux arts, ailleurs le *Chéne* noueux, si aimé de nos ancêtres, l'*Accacia* fleuri-odoriférant, étranger, et d'autres *habitans du regne végétal de la nature*, dont elle compose et embellit nos forêts, s'élèvent avec fierté, et semblent sentir les espérances dont ils sont le signe et l'emblême.

Aussi les ennemis de la France n'ont-ils rien plus à cœur que de faire disparoître ces monumens de notre régénération. Ils n'en ont que trop détruit, Citoyens, dans toute l'étendue de la République, pendant le tems qu'elle a été livrée à un plan secret, horrible, confié à des *Sinon* (1), à des agens habiles de nos ennemis, pour assassiner, disperser ou avilir les *amis ardens* de l'Humanité et de la Patrie, les Républicains prononcés (2).

---

(1) Les Hommes libres doivent connoître et ne jamais oublier le caractère de ce vil et abominable *Sinon*, envoyé par les rois de la Grèce aux Troyens, pour les faire tomber dans leurs pièges par les plus perfides conseils.

(2) Voyez la rectification du sens des mots et de la nature des faits historiques de la révolution, travestis et dénaturés par les agens des rois et les aristocrates, pour nous jetter dans une confusion inextricable, et faire

Après avoir renversé ce dernier plan des rois et des aristocrates, de tromper de nouveau la France, et de l'innonder encore de sang, par de nouvelles dissentions et sous d'autres mots, avec ceux même d'*humanité* et de *justice*; c'est donc bien sagement que le Corps-Législatif a porté la Loi que je vais lire.

AU NOM
DE LA RÉPUBLIQUE FRANÇAISE.

LOI relative aux Arbres de la Liberté.

Du 24 Nivôse, an VI de la République une et indivisible.

Le Conseil des anciens, adoptant les motifs de la déclaration d'urgence qui précède la résolution ci-après, approuve l'acte d'urgence.

Suit la teneur de la Déclaration d'urgence et la Résolution du 23 Nivôse.

Le Conseil des Cinq-cents, considérant que le respect des signes de la liberté est lié au respect de la liberté même;

---

réussir leur plan sanguinaire, liberticide, dans la table analytique de l'ouvrage intitulé RELIGION CIVILE *proposée aux Républiques pour* LIEN *des gouvernemens représentatifs*, lequel vient de sortir des presses du Citoyen COMMINGES, rue Neuve-Roch, N. 159, et se trouve chez tous les Libraires et marchands de nouveautés.

Qu'il est de l'honneur du patriotisme français de réparer avec éclat les outrages commis par la malveillance envers les objets de la vénération publique, et que le retour prochain d'une époque mémorable peut contribuer utilement à fixer le caractère d'une solemnité dont on doit attendre les effets les plus salutaires,

Déclare qu'il y a urgence.

Le Conseil, après avoir déclaré l'urgence, prend la résolution suivante:

Art. I. Tous les arbres de la liberté qui ont été abattus, ou qui ont péri naturellement, seront remplacés, s'il ne l'ont déjà été, aux frais des communes.

II. La plantation des arbres de remplacement se fera le 2 pluviôse prochain (21 janvier *vieux-stile*), dans les communes où la présente loi seroit promulguée, et le décadi suivant dans les autres.

III. A l'avenir, toute commune dans l'arrondissement de laquelle un arbre de la liberté aura été abattu, ou aura péri naturellement, sera tenue de le remplacer dans la décade, sauf à renouveler cette plantation, s'il y a lieu, par un arbre vivace, dans la saison convenable, aux termes de la loi du 3 pluviôse an II.

IV. Tout individu qui sera convaincu d'avoir

mutilé, abattu, ou tenté d'abattre ou de mutile un arbre de la liberté, sera puni de quatre années de détention.

La présente résolution sera imprimée.

Signé Boulay (de la Meurthe), *président;* Guillemardet, Roemers, Alex. Villetard, *secrétaires.*

Après une seconde lecture, le Conseil des Anciens approuve la résolution ci-dessus. Le 24 Nivôse, an VI de la république française.

Signé Marragon, *président;* Et. Laveaux, Menuau, *secrétaires.*

Le Directoire exécutif ordonne que la loi ci-dessus sera publiée, exécutée, et qu'elle sera munie du sceau de la république. Fait au palais national du Directoire exécutif, le 25 nivôse, an VI de la République française, une et indivisible.

Pour expédition conforme, *signé* P. Barras, *président;* par le Directoire exécutif, *le secrétaire général*, Lagarde; *et scellé du sceau de la République.*

Certifié conforme,

Le Ministre de la justice,

LAMBRECHT.

Par cette Loi, Citoyens, vous êtes invités à déclarer les arbres de la liberté qui ont péri naturellement, ou qui ont succombé aux outrages, avant le 18 *Fructidor*, jour qui nous a tous délivrés, les uns de l'erreur et du mensonge, les autres du péril et de l'oppression.

L'Administration municipale de cet arrondissement a senti tout l'esprit d'une Loi aussi patriotique, et pour procéder à son exécution, elle a voulu commencer par la plantation solemnelle d'un arbre de la liberté, devant la maison même du lieu où elle tient ses séances, et où il n'en avoit jamais été planté.

Je me réjouis du concours de tous les Citoyens de l'arrondissement, à un acte qui est une véritable fête pour les RÉPUBLICAINS.

L'arbre de la liberté que nous allons tous confier à la terre, notre mere-commune, sera soigné par eux, avec de nouveaux soins et une nouvelle énergie : ils se rallieront, sous ses jeunes branches, pour la défense des principes de la LIBERTÉ, de L'ÉGALITÉ et de la CONSTITUTION DE L'AN III, en attendant que nos enfans, que nos arrières neveux jouissant de tout le fruit de nos peines, de nos sacrifices, de nos travaux, reposent, sous ses vieux troncs, et s'entretiennent des mains qui l'auront planté, de celles qui l'auront soigné et élevé de quelque manière que ce soit, ou qui, plus glorieuses encore, l'auront défendu par une législation vigoureuse, prévoyante, et par des victoires décisives (1).

Nous ne serons pas insensibles à cette pensée, mes chers Concitoyens qui m'entendez; et nous ne refuserons pas à la patrie les efforts qui nous restent à faire, pour consolider la République et abattre son dernier ennemi.

Des sentimens doux occupent ici entièrement nos ames: mais qu'elles se livrent après cette cérémonie, à toutes les inspirations de leur haine contre le perfide gouvernement de l'Angleterre, éternellement *ennemi* de la France, *jaloux* de ce que la nature lui donne, *désespéré* de la liberté, de l'égalité et du gouvernement républicain, constitutionnel, que nous a donné la révolution vers laquelle il ne nous avoit poussés que pour nous anéantir comme nation, et nous détruire comme particuliers, *tyran* de tous les pays où il domine, *conspirateur* contre les principes de la liberté, bien plus acharné, que s'il commandoit à un

---

(1) Plusieurs Représentans du peuple et des Généraux célèbres, habitans de l'arrondissement, ont voulu assister à une fête aussi intéressante pour tous les Citoyens.

peuple moins éclairé, à une nation esclave, à un pays entièrement asservi !

Plein de tous les sentimens patriotiques, Républicains, qu'il est impossible d'exprimer, mais que vous partagez avec moi, mes chers Concitoyens, je requiers, au nom du DIRECTOIRE EXÉCUTIF, l'exécution de la loi du 24 *Nivôse an VI*, et la plantation du beau peuplier qui est sous vos yeux, orné et déjà orgueilleux des couleurs nationales qui flottent sur ses branches. Que l'arbre de la liberté de cet arrondissement soit placé devant la porte de la maison même où l'Administration municipale tient ses séances; et que toutes les autorités concourent, au nom de l'universalité des Citoyens, à couvrir ses racines, à l'attacher au *Sol-de-la-Liberté*, qui doit le faire croître, le nourrir et le présenter verdoyant et d'une extrême grosseur, à nos neveux.

Je requiers ensuite qu'il soit nommé, aussitôt après, un *Gardien*, un *Conservateur* de ce jeune plan qui, comme notre liberté est encore dans son enfance. Elle a besoin en effet, comme lui, de bien d'appuis, de beaucoup de vigilance et de secours; elle attend une multitude de développemens nécessaires pour atteindre le but de la révolution, et remplir le vœu des RÉPUBLICAINS, qui sera toujours la prospérité de la patrie, et l'amélioration des Hommes.

Vive la République, vive la Liberté, vive l'Égalité !

Tous les Citoyens font retentir l'air de leurs acclamations

Dès que les cris de *vive la République* lui permettent de se faire entendre. Le Président, au nom de l'Administration, donne au Commissaire, acte de son réquisitoire.

De suite il attache une flamme tricolore aux rameaux supérieurs de l'arbre qui est déposé dans la fosse préparée à cet effet.

L'orchestre exécute un chœur à la Liberté, paroles de Chenier, musique de Gosset.

Le Président de l'Administration le premier, le Commissaire du Pouvoir exécutif, les Administrateurs, les Membres des autorités, les Officiers de l'Etat-Major, les Employés de la Municipalité, des Citoyens détachés de chaque peloton de la Garde Nationale viennent successivement verser de la terre sur les racines de l'arbre chéri.

Le Président prononce le discours suivant:

DISCOURS

DU PRÉSIDENT.

Le peuple français a recouvré sa liberté par la révolution qu'il a eu le courage d'entreprendre ; trop long-tems courbé sous le joug audacieux d'une monarchie tyrannique, il a fait de puissans efforts pour s'en affranchir ; il est enfin parvenu à se créer un gouvernement représentatif, qui le maintient dans la jouissance de ses droits, dont l'orgueilleuse féodalité l'avoit privé pendant quinze siècles.

Ce même peuple, en ressaisissant sa souveraineté, fit choix d'hommes sages et éclairés, qu'il nomma pour le représenter ; il les revetit de son pouvoir, pour rédiger et présenter à son acceptation les lois fondamentales de son gouvernement.

C'est du sein de leurs assemblées que sont sortis la déclaration des droits de l'Homme et du Citoyen ; le renversement de la monarchie usurpatrice de ces droits ; la fondation de la République française, et l'acte constitutionnel de l'an III, qui en a été le régulateur.

Le peuple français a accepté volontairement, sanctionné et juré solemnellement de maintenir toutes les lois constitutionnelles de son gouvernement républicain.

En affermissant ainsi ce gouvernement qu'il chérit, il en assuroit la durée et maintenoit sa liberté.

C'est pour elle que tous les vrais Républicains s'armèrent contre le despotisme qui vouloit la lui ravir ; enflammant leur courage de son feu divin, elle conduisit leurs pas aux champs de la victoire ; et leurs triomphes multipliés forcèrent enfin le plus grand nombre des ennemis de la République à la reconnoitre par le traité de paix qu'elle leur dicta.

Nous devons, Citoyens, notre tribut de reconnoissance à la liberté, pour tous les bienfaits qu'elle procure, et que nous partageons également ; bienfaits qu'elle ne cessera de répandre sur nous tant que nous la chérirons.

Élevons par-tout à sa gloire des monumens, des trophées ; que cet arbre que nous venons de planter lui soit agréable, et croisse sous ses auspices ; que nos chants d'allégresse s'élèvent jusqu'à elle, et qu'elle règne toujours parmi les vrais Républicains.

Les cris de *vive la République, la Constitution et la Liberté!* couvrent la fin de ce discours, à la suite duquel l'orchestre exécute le chant du départ.

Le cortège se rend dans le même ordre et aux cris de *vive la République!* au lieu des séances de l'Administration, les tambours battent au champ.

Tous les Citoyens, après s'être livrés aux effusions d'une joie douce et pure, se séparent en se donnant des témoignages mutuels de la fraternité la plus touchante.

L'Administration, après que tout le monde est retiré, prend séance; elle entend la lecture du présent procès-verbal, en approuve la rédaction; et, sur le réquisitoire du Commissaire du Directoire exécutif, elle en arrête l'impression au nombre de deux cent exemplaires, et l'envoi au Directoire, aux Ministres, à l'Administration centrale, aux onze autres Municipalités, aux Juges-de paix, Commissaires de police et Comités de bienfaisance de l'arrondissement.

Signé BALEUX, *Président*; PICARD, PIRON, TOUZÉ, PONS, DESNOES, LACOSTE, *Administrateurs*, F. LANTHENAS, *Commissaire du Directoire exécutif.*

Par l'Administration,

J. H. SOUTOUL, *Secrétaire en chef.*

www.ingramcontent.com/pod-product-compliance
Lightning Source LLC
Chambersburg PA
CBHW071448060426
42450CB00009BA/2336